LETTRES
PATENTES DV ROY

Charles VII. portant pouuoir aux Marchands frequentans la Riuiere de Loyre & autres Fleuues y defcendans, de leuer le fubfide & ayde fur leurs marchandifes fpecifiées par lefdites Patentes, & pour receuoir les deniers qui en prouiendront pouuoir d'eftablir Bureaux defdites receptes en tel lieu ou lieux fur ladite Riuiere que bon leur femblera, pour les deniers qui en prouiendront eftre par eux employez à leurs affaires communes.

A ORLEANS,
Par GILLES HOTOT, Imprimeur ordinaire du Roy, & de Monfeigneur le Duc d'Orleans.

M. DC. XXX.

HARLES par la Grace de Dieu Roy de France, A tous ceux qui ces presentes lettres verront , Salut ; les Marchands frequentans & marchandans sur les Fleuue & Riuiere de Loyre & les autres Riuieres cheans & descendans en iceluy Fleuue & Riuiere consors en ceste parties , Nous ont fait exposer que pour la deduction & poursuitte de plusieurs causes & procés qu'ils ont en nostre Cour de Parlement & ailleurs en aucune desquelles nostre Procureur, & aussi le Procureur de nostre

A ij

Tres-cher & Tres-Amé Frere &
Cousin le Duc d'Orleans & d'autres
Seigneurs sont adjoints , & aussi
pour la poursuitte d'autres causes &
procés qu'ils entendent briefue-
ment à auoir, tant en nostre-dite
Cour de Parlement que ailleurs, à
l'encontre de plusieurs grands Seigneurs & autres qui de leur volonté
& auctorité contre raison & autrement ont leué & s'efforcent de leuer
plusieurs subsides & exactions sur
lesdits Marchands , leurs vaisseaux,
batteaux , chalans & marchandises
de diuerses especes & biens estans
en iceux, passans & repassans & bais-
sans par lesdits Fleuue & Riuiere &
au trauers d'icelle. Et aussi pour oc-
casion & à cause de plusieurs de-
stourbiers & empeschemens que
lesdits Seigneurs, leurs seruiteurs &
autres leurs Officiers ont faits &

font de iour en iour aufdits expofans
contre raifon en montant & trauer-
fant leurfdits vaiffeaux, chalans, marchandifes & biens par iceux Fleuues
& Riuieres, & autrement les aucunes defquelles font appointées en
faits contraires & en enqueftes, &
pour icelles enqueftes faire & pour-
fuir lefdits procés, Et auffi pour em-
ployer és reparations qui leur a conuenu & conuient faire continuelle-
ment efdites Riuieres pour la feure-
té & conduite de leurs batteaux,
denrées & marchandifes & autres
grands charges de debtes, mifes &
defpences qu'ils ont euës & ont à
fupporter en plufieurs & maintes
manieres. Novs par autres nos
Lettres données à Chinon, le fe-
priefme iour de Iuin l'an de grace
mil quatre cens cinquante-neuf, leur
octroyafmes congé de mette & le-

uer fur eux & leurfdites denrées &
marchandifes qui feroient amenées
& trauerfées par ladite Riuiere de
Loyre & par les autres Fleuues &
Riuieres defcendans en icelle Riuiere, certains aydes iufques à certaines
années enfuiuans, qui font finies ou
finiront en bref, lefquels aydes ils
ont cueillis & leuez par lefdites années, mais ils n'ont peu & ne peu-
uent fuffire aux grands frais mifes &
defpences qui leur a conuenu &
conuient faire pour les caufes cy-
deffus touchées, finon que ledit ayde foit encores leué & continué,
pour laquelle chofe lefdits expofans
confiderans qu'il leur conuenoit encores leuer ledit ayde, ont regardé
entr'eux qu'il y auoit aucunes marchandifes trop chargées & aucunes
autres petites marchandifes qui au-
dit autre ayde n'auoient point efté

chargées, & à ladite cauſe ont deſ-
chargé leſdites denrées trop chargées &, mis charge ſur leſdites me-
nuës denrées qui point n'eſtoient
chargées, à ce que ledit ayde ſe puiſ-
ſe leuer à moindre charge, & tout ſe-
lon la forme & maniere qui s'en-
ſuit :

C'EST ASCAVOIR.

Sur chacune pippe de Vin, quinze deniers tournois.

Sur chacun muid de Bled meſu-
re de la Charité, vingt deniers.

Sur chacun baril de Haren blanc,
dix deniers tournois.

Sur chacun millier de Haren ſor,
dix deniers.

Sur chacun millier de Macque-
reau, dix deniers tournois.

Sur chacun cent d'Aloſes, vingt
deniers.

Sur chacun cent de Merlus, vingt deniers.

Sur chacun cent de Ray marchant , vingt deniers.

Sur chacun cent de Moruë, deux fols fix deniers.

Sur chacun cent de Thoil , vingt deniers.

Sur chacun cent Dadot & de Gamberge, dix deniers.

Sur chacune piece de Marfouïn, dix deniers.

Sur chacun cent de Lamproyes, trois fols quatre deniers.

Sur chacun millier de Pinpeneaux, deux fols fix deniers.

Sur chacun cent de Congres, trois fols quatre deniers.

Sur chacune charge d'autre Poiffon fraiz & falé, dix deniers.

Sur chacune charge de Mitaille, cinq fols.

Sur

Sur chacun millier d'Estain, cinq sols.

Sur chacun millier de Potin, trois sols quatre deniers.

Sur chacun cent d'Acier, quatre deniers.

Sur chacun millier de Cuiure, cinq sols.

Sur chacun millier de Fer, deux sols six deniers.

Sur chacune charge de Draps, cinq sols.

Sur chacune charge de Bureaux & Tousselins, vingt deniers.

Sur chacun cent de Beurres, de Remes & autres Gresses, six deniers.

Sur chacune somme d'Huille, vingt deniers.

Sur chacun cent de Cire, deux sols six deniers.

Sur chacun millier de Merien, vingt deniers.

B

Sur chacun baril d'Alun , deux sols six deniers.

Sur chacune balle de Garences, deux sols six deniers.

Sur chacun lot de Cuirs , deux sols six deniers.

Sur chacune balle de Laine, quinze deniers.

Sur chacune charge de Mercerie, meslée, trois sols quatre deniers.

Sur chacune charge d'Espicerie cinq sols.

Sur chacune charge de papier à escrire, quinze deniers.

Sur chacune charge de Papier à rompre, dix deniers.

Sur chacun Cabas de Figue & Raisin , deux deniers.

Sur chacun tonneau de graine à Mouſtarde, vingt deniers.

Sur chacun muid de Farine, vingt deniers.

Sur chacune pippe de Miel, vingt deniers.

Sur chacun millier de Plaſtre, dix deniers.

Sur chacune Meule à couſteaux, cinq deniers.

Sur chacune Meule de Moulin à Bled, deux ſols ſix deniers.

Sur chacun millier de Poix, quinze deniers.

Sur chacune charge de Gueſde, dix deniers.

Sur chacune pippe de Cendre à teindre, dix deniers.

Sur chacun cent de Tuffeaux, cinq deniers.

Sur chacun fardeau de peaux de Cheureaux à poil, dix deniers.

Sur chacun fardeau de peaux d'Agneaux & Moutons eſtrens, dix deniers.

Sur chacun fardeau de groſſe Pelleterie, vingt deniers.

Sur chacun cent de Plume, dix deniers.

Sur chacun fardeau de fine Pelleterie, cinq fols.

Sur chacune douzaine de Cuirs tannez, comme Bœufs, & Vaches, dix deniers.

Sur chacun cent de Veaux tannez, dix deniers.

Sur chacun cent de Cordoüan, vingt deniers.

Sur chacune charge de Ferronerie, dix deniers.

Sur chacune douzaine de Cuirs engreffez, dix deniers.

Et fur chacun fardeau de Chanure, dix deniers tournois.

Et fur toutes autres denrées non declarées, ne nommées cy-deffus, deux deniers obtenus pour liure, lefquels aydes ils n'oferoient bon-

nement leuer, fans fur ce auoir congé & licence de nous, requerans
fur ce noftre prouifion. Pourquoy
nous ces chofes voulans le fait de la
marchandife de ladite Riuiere &
d'autres Riuieres cheans & defcendans en icelle, eftre entretenu comme il eft accouftumé, pour le bien &
vtilité de la chofe publique. A iceux
expofans auons donné & octroyé,
donnons & octroyons de grace fpe-
cial par ces prefentes congé & licence, de mettre & impofer, cueillir &
leuer ledit ayde fur eux & leurfdites
marchandifes qui feront conduites
& montées, aualées ou trauerfées
par ledit Fleuue & Riuiere de Loyre par la maniere que cy-deuant eft
dit, Et iceluy ayde cueillir & receuoir par eux, leurs Fermiers & Dep-
putez en tel lieu & lieux qu'il leur
plaira fur lefdites Riuieres, iufques à

deux ans, à conter du iour & datte
que nosdites dernieres Lettres d'o-
ctroy de leuer iceux aydes finiront.
Au cas toutesfois que la plus grande
& saine partie desdits exposans se
soient à ce consentis & consentent
pour tourner & conuertir les prof-
fits qui ystront dudit ayde en la deduction & poursuitte de leursdites
causes & besognes communes &
autres dessus dit & non ailleurs, par-
my ce qu'ils feront tenus d'en ren-
dre conte quand il appartiendra,
pardeuant aucun de nos Officiers.
Si donnons en mandement au
Bailly de Touraine & des ressorts &
exemptions d'Anjou & du Mayne,
& à tous nos autres Iusticiers ou à
leurs Lieutenans & à chacun d'eux,
si comme à luy appartiendra, que
de nostre-dite grace, congé &
octroy, fassent, souffrent & laissent

lesdits expofans iouïr & vfer plaine-
ment & paifiblement , fans leur y
mettre où donner, ne fouffrir eftre
fait, mis ou donné ledit temps du-
rant aucun deftourbier à ce contrai-
re. Pourueu toutesfois que nos
droits & autres aydes n'en foient
aucunement diminuez ou retardez.
En tefmoin de ce nous auons fait
mettre noftre feel à ces prefentes.
DONNE´ à Melun fur-Eure , le
vingt-neufuiefme iour de May,
l'an de grace mil quatre cens foixan-
te-vn. Et de noftre regne le trente-
neufiefme.

Par le R O Y *à la Relation du Con-*
feil.

Signé,   DANIEL.

Collation faicte à l'Original par moy Notaire
du Chastelet d'Orleans soubs-signé, & ledit Original remis au Tresor de la Communauté des
Marchands, le 17. Auril 1630.